MANUSCRITS

RELATIFS

A L'HISTOIRE ET A LA LITTERATURE

DE FRANCE

DÉCOUVERTS EN ITALIE

PAR

CHARLES MORBIO

DE LA SOCIÉTÉ ROYALE DES ANTIQUAIRES DE FRANCE, DE LA SOCIÉTÉ DE L'HISTOIRE DE FRANCE, DE LA SOCIÉTÉ R. DE STATISTIQUE DE PIÉMONT, DE LA COMMISSION DES DOCUMENS HISTORIQUES, ETC. ETC.

MILAN

IMPRIMERIE PIROLA

M.DCCC.XXXIX

De cette brochure on a imprimé seulement 60 exemplaires, qui ne sont pas en commerce.

TURIN

(BIBLIOTECA DELL' UNIVERSITÀ)

1. Codex chartaceus saeculi XV; constat foliis 153. Continet primo: *Cronicam fratris Martini penitentiarii domini Pape et capellani.* Fol. 121. *Gesta Francorum a B. Gregorio Turonensi descripta.* 1. vol. in-fol.
2. Codex chartaceus, constans foliis 81 saeculi XVII. Habentur in eo undecim scriptores veteres historiae *Francorum*, videlicet: *Glaber, Helgaudius, Sagerius, Ricordus, Britio, Guilielmus de Nangis*, et quatuor alii, quorum nomina non indicantur. Editi sunt omnes ex bibliotheca Francisci Pithoei. In fine legit. *Franciscus Verris Alexandrinus scribebat Mediolani in bibliotheca ambrosiana anno* 1612. 1 vol. in-fol.
3. Codex chartaceus, habens folia 142 saeculi XV in quo fol. 124: *Historia de extirpatione regni Longobardici facta per Karolum Imperatorem in defensionem Romane Eclesie etc.* Desideratur historici nomen. 1 vol. in-fol.
4. Codex chartaceus, cui folia 91 saeculi XVI. Est in eo *Johannis Bernardi Guallandi dialogus de vera felicitate.* Adjecta ejusdem: *Historia rerum gestarum anno primo belli Francorum adversus Franciscum Sfortiam II Mediolani ducem.* 1 vol. in-4.°
5. Codex membranaceus, cui folia 19 saeculi XV, ob pictas auro splendentissimo effigies elegantissimus, et regio praeterea Galliarum stemmate condecoratus, inscribitur: *De laudibus Francie et de ipsius regum regimine.* 1 vol. in-4.°
6. Codex membranaceus, habens folia 96 saeculi XV. In-

scribitur: *Sermo Eneae Silvii Picolomini* etc. Fol. 78 Ejusdem: *Responsio data Romae oratoribus regis Franciae*, cuius initium: *Per me reges regnant et legum conditores justa decernunt* etc. 1 vol. in-8.°

7. Codex chartaceus, cui folia 179 saeculi XV figuris minio pictis, sed rudi admodum penicillo, ornatus *Poemation* continet nulla certa pedum mensura etc. Videntur autem describi *Caroli Martelli* gesta, multis de more interpolata fabulosis narrationibus etc. 1 vol. in-fol.

8. Codex chartaceus, constans foliis 12 saeculi XVI: *Vero discorso della vittoria ottenuta dal re di Francia nella battaglia data presso il villaggio d'Eury il mercordi alli 14 di marzo.* 1 vol. in-fol.

9. Codex chartaceus, habens folia 42 saeculi XVII: *Trattato del marchese Federico Ghislieri sopra l'espugnazione della Rocella.* 1 vol. in-fol.

10. Codex chartaceus, constans foliis 31 saeculi XVI: *Ragionamento fatto nella raunanza degli Stati di Francia per l'elezione d'un re, di Federico della Valle.* Haec oratio, qua dux Sabaudiae in regem Galliarum proponitur, habita fingitur post extinctam Henrici III obitu Valesiorum familiam. 1 vol. in-fol.

11. Codex chartaceus, constans foliis 11 saeculi XVI: *Vero discorso della vittoria ottenuta dal re di Francia presso il villaggio d'Hury descritta dal maestro di campo generale Romano.* 1 vol. in-fol.

12. Codex chartaceus, constans foliis 356 saeculi XVI. Fol. 77. *Relazione di Francia di Michael Suriano ambasciator Veneto a quella corte l'anno* 1561. Fol. 121: *Relazione di Francia di Giovanni Correro ambasciator Veneto l'anno* 1568. 1 vol. in-fol.

13. Codex membranaceus, habens folia 174, saeculi XV, elegantis, nitidique characteris opuscula nobis exhibet magistri *Alani* tam prosaica, quam metrica oratione scripta. Fol. 82: *La généalogie des roys de France depuis saint Louis, et l'extinction du faulse droit et*

musie querelle pretendus sur le royaulme de France par les Angloys. 1 vol. in-fol.

14. Codex membranaceus, constans foliis 587, saeculi XIV elegantissime scriptus, multisque aureis imagunculis ornatus. Habentur in eo: *Chronica et genealogia regum Francorum*, praemisso prologo. 1 vol. in-fol.

15. Codex membranaceus, habens folia 154 saeculi XIV. Fol. 121 est: *Tabula foederis initi ambasiae inter Galliae regem (Ludovicum XI) et Eduardum Angliae principem, anno MCCCCLXX die XXVIII novembris*. 1 vol. in-fol.

16. Codex membranaceus, constans foliis 114 saeculi XIV. Historiam amplectitur *Regum Francorum a Ludovico dicto De Bononaire, usque ad regnum Philippi cognomento Pulchri*. Autor nullibi se prodit. 1 vol. in-fol.

17. Codex chartaceus, habens folia 459 saeculi XV. Narrantur bella inter *Philippum Valesium Galliae et Eduardum Angliae reges gesta, autore Johanne Froissard*. 1 vol. in-fol.

18. Codex chartaceus, constans foliis 111, saeculi XVI, ubi acta omnia et pacta, quae sancita, conventaque fuere pro liberatione *Francisci primi Galliarum regis*. 1 vol. in-fol.

19. Codex chartaceus, constans foliis 86, saeculi XVI: *La monarchie de France de Claude de Seissel adressée au très Chretien rois de France Francois premier de ce nom*. 1 vol. in-fol.

20. Codex chartaceus, cui folia 193, saeculi XV. Describuntur bella, et dissidia, quae diu fuerunt inter Anglos et Gallos, quibus multa adduntur de jure, quod se habere in Galliae regnum contendunt Angli, nec non de Burgundiae ducibus, eorumque bellis contra Gallos. 1 vol. in-fol.

21. Codex chartaceus, habens folia 282, saeculi XV, cui titulus: *Les fleurs des chroniques*. Continet etc. fol. 162. *Vitas regum Francorum usque ad Philippum VI an MCCCXXX*. 1 vol. in-fol.

22. Codex chartaceus, habens folia 68, saeculi XVII sub initium. Est in eo prima expeditio *Gallorum* ad Indos an MDCI a Francisco Martino, qui eidem interfuit, accurate descripta. 1 vol. in-fol.
23. Codex chartaceus, constans foliis 88, saeculi XVI: *Memoires des antiquitez et antien établissement de la ville, cite et evesche de Nevers, et pays de Nivernoys, et des maisons et aillances des contes et ducz du dit pays par messire Guy Coquille de Romenay.* 1 vol. in-fol.
24. Codex chartaceus, habens folia 14, saeculi XVI, in quo poema latinum *Michaelis de l'Ospital, de sacra Francisci II Galliarum regis auctione et de optimo instituendo imperio.* Gallicis versibus redditum a *Joachimo de Bellay*. 1 vol. in-4.°
25. Codex chartaceus, cui folia 44, saeculi XVI: *Discours fait par Gaspard de Colligni seigneur de Chatillon et admiral de France contenant les choses passées durant le sèige de Saint Quintin* 1557 ad Carolum Lotharingiae ducem. 1 vol. in-4.°
26. Codex membranaceus, constans foliis 41, saeculi XIV, ubi: *Chronica regum Francorum ab eodem Guilielmo de Nangis*, qui ex latino scripserat in Gallicum sermonem translata cum: *Genealogia regum Francorum usque ad Divum Ludovicum.* 1 vol. in-4.°
27. Codex chartaceus, constans foliis 95, saeculi XVI: *Reponse à l'advis publie par ceux de la ville de Lyon sur les causes dela derniére reprinse de leurs armes, et ce dela part de quelques villes catholiques unies et associees leurs bonnes amies.* Totus est autor, cujus nomen nullibi apparet, in tuendis Nemoracensis ducis partibus, dum universum Galliae regnum, domesticis dissensionibus saeculo XVI misere aestuabat. 1 vol. in-4.°
28. *Abregé des memoires de messires Martin, et Guillaume du Bellai, seigneurs de Langei contenant les choses le plus remarquables arrivées pendant les dernieres années de Louis XII et le régne de Francois I, rois*

de *France*. Divisé en 10 livres, avec le sommaire à la tête de chaque livre. 3 vol. in-4.º

29. *Memoire relatif aux cartes des Pyrennées.* — *Legende de tous les cols, et ports qui vont de France en Espagne, traversant les Pyrennées.* 1 vol. in-fol.

30. *Description du canal royal de communication des mers.* 1 vol. in-fol.

31. *Brancadoro* (Monseg. Cesar). *Méditations sur les tombeaux de Louis XVI roi de France, et Marie Antoinette.* 1 vol. in-4.º

32. *Geoffroy de Ville Hardovin. Abregé de l'histoire de la conquette de Costantinople et de l'etablissement de l'empire Francais en Orient.* 1 vol.

33. *Ceremonial de France.* 2 vol. in-fol.

34. *Relation des campagnes de 1745 et 1746 faites en Italie par les armées combinées Espagnole, Francaise, Napoletaine et Genoise contre l'armée Autrichienne et celle du roi.* 2 vol. in-fol.

35. *Lettres et Memoires de M. le cardinal Mazarin à M. Le Teiller et De Lyonne contenant le sécret de la negociation de la paix des Pyrennées dans les conferences tenues a S. Jean de Luz entre le dit sieur Cardinal, et dom Louis De Baro. Il ya au commencement plusieures lettres curieuses écrites au roi et à la reine pendant son voyage.* 1 vol. in-fol.

36. *Memoire historique sur la négociation de la France et de l'Angleterre depuis le 26 mars jusq'au 20 settembre 1761.* 1 vol. in-fol.

À Turin on trouve aussi les Mss. suivants:

37. *Relation sur les troubles qui subsistaient en France.* 1568. 1 vol.

38. *Discours des causes des troubles survenus en France* 1585. 1 vol.

39. *Discours sur les desordres de la cour de France sous la regence de la reine mere.* 1613. 1 vol.
40. *Discours sur les troubles de France.* 1615. 1 vol.
41. *Discours sur les occurences du siège de la ville d'Aix en Provence.* 1593. 1 vol.
42. *Relation de ce qui s'est passé à l'ouverture de l'assemblée des notables.* 1626. 1 vol.
43. *Ceremoniel et ordre tenu au sacre de la reine Marie de Medicis.* 1610. 1 vol.
44. *Relation de l'entrée solemnelle de la reine de France dans la ville de Marseille.* 1 vol.
45. *Relation de l'etendue, bonté et richesse des duchés de Lorraine et de Bar.* 1 vol.
46. *État des affaires de la colonie francaise dans Maraynan et Terreferme du Bresil.* 1 vol.

PAVIE

(REGIA BIBLIOTECA DELL'UNIVERSITÀ)

47. *Delle cose succedute alla città di Pavia nel secolo XVI, del Verri, cittadino pavese.* Manuscrit qui traite de la célèbre bataille de Pavie du 24 Février 1525 dans laquelle François I.er fut fait prisonnier. 1 vol.
48. *Il Castello di Pavia con la rotta e presa del Re Cristianissimo.* 1525. Cette pièce précieuse et fort rare contient en vers vulgaires les particularités les plus curieuses et les plus circonstanciées de la même bataille. 1 vol.

NOVARE

(ARCHIVIO DELLA CATTEDRALE)

49. *Genuensis seditionis in Gallos die nona martii* 1461. *Narratio.* 1 vol.
50. *Stephani de Cornaglis Novariensis regis Siciliae secre-*

tarii ad regem Francorum oratio. Incipit: *Postquam Galli Siciliam deseruerunt etc.* 1 vol.

MILAN

(BIBLIOTECA AMBROSIANA)

51. *De decem praeceptis divinae legis. De symbolo Apostolorum, de oratione dominicali. De vitiis atque virtutibus.* Tractatus lingua Gallica conscriptus an. 1279 a fratre ord. praedicatorum nomine *Lorant* compositus. Instante Philippo Galliarum rege, ut in calce. Codex perexcellens cum figuris pictis. Pag. 88, 1 vol.
52. *Rime di poeti Provenzali. Naenia in obitu patriarchae Aquiliensis carmine Provinciali et latino, Gregorj de Monte Longo, qui obiit anno* 1269. Codex membranaceus saeculi XIII. 1 vol.
53. Officio latino, col calendario Francese. Magnifico codice del XIV secolo, con miniature. 1 vol.
54. *Jean de Meun apellée le Clopinel. Continuation du romanse de la rose composée par Guilliaum de Lorris qui fut mis en prose par Jean Moelinet.* Item fragmenta quaedam lingua Gallica: *De natura bestiarum et avium. Jean de Meun* scripsit circa annum 1300. Codex saeculi XIV. 1 vol.
55. *Lamenti d'un ministro Francese sopra le calamità della Francia.* 1 vol.
56. *Francisci primi Galliarum regis adversus Caroli V calumnias. Epistola ad Paulum III.* 1 vol.
57. *Negoziazioni del cardinale Orsini nella sua legazione in Francia.* 1 vol.
58. *Leonellus Episcopus. Litterae ad pont. Inn. VIII de rebus ab eo gestis in Gallia.* 1 vol.
59. *Conventions d'accomodement entre le pape et le roi de France.* 1 vol.
60. *Lettere del doge Grimani pel conte di Vademont creato generale delle genti oltramontane.* 1 vol.

61. *Lettera di Arrigo IV re di Francia al Papa l' anno 1595.* 1 vol.
62. *Novelle di Fiandra sopra le cose occorrenti l'anno 1581.* 1 vol.
63. Ancien livre de prières. 1 vol.
64. Discours au roi de France. 1 vol.
65. *Avvisi di principi dall' Haja del 1601.* 1 vol.
66. Cartello di Francesco I a Carlo V, e sua risposta. 1 vol.
67. *Lettere della regina di Navarra alla regina madre.* 1 vol.
68. *Lettera d'Arrigo IV al clero di Francia, e del duca di Mene al suddetto.* 1 vol.
69. *Proposizioni de' principi e prelati di Francia al duca di Mene per accordare e stabilire la quiete del regno.* 1 vol.
70. *Relazioni fatte dal duca di Rovillon contro il maresciallo di Lorena.* 1 vol.
71. *Relazioni di Enrico contro la convocazione del duca Mene fatta in Parigi.* 1 vol.
72. *Notizie sopra gli affari di Francia del 1593.* 1 vol.

Dans la bibliothèque *Ambrosiana* il y a quelques livres imprimée mais très rares, relatifs à François I. Roi de France.

À MILAN on trouve aussi les Mss. suivans:

73. *Ad regem Franciae (Carolum VI) per Pileum de Marinis archiepiscopum Januensem et pro civibus Januensibus sub nomine eorum, in Joh. Boutiquant (le marechal Bouchiquant) olim gubernatorem suum.* 1410. 1 vol.
74. Lettres anonimes et familiares du 1633 au 1647. 1 vol.
75. *Lettera anonima da Parigi a Turino, diretta a D. Lorenzo Scoto sui costumi ed usanze di quei tempi.* 1615. 1 vol.
76. Remontrance au Roi, important pour l'état. 1 vol.

77. *Epistola cleri Gallicani Parisiis congregati ad summum pontificem Innocentium XI super causa regaliae.* Acceditur: *Responsio Innocentii XI ad clerum Gallicanum.* 1 vol.
78. *Delle turbolenze nate nella Francia nel regno di Luigi XV fra il clero ed il parlamento.* 1 vol.
79. *Capitoli accordati dal Duca di Vendomo per la resa di Valenza.* 1656. 1 vol.
80. *Liberazione di Lerida assediata dai Francesi sotto il principe di Condé, difesa da D. Gregorio Gritto.* 1647. 1 vol.
81. *Intimazione del re Cristianissimo al cardinale Infante.* 1635. 1 vol.
82. *Lettera del parlamento di Borgogna al principe di Condé in risposta ad una del medesimo sul rendersi al Re.* 1 vol.
83. *Causa della partenza della regina da Bruxelles verso il* 1640. 1 vol.
84. *Manifesto del re di Francia per la guerra contro la Spagna.* 1636. 1 vol.
85. *Risposta al medesimo.* 1 vol.
86. *Risposta d'un sedicente affezionato alla Francia, ma parziale della Spagna.* 1636. 1 vol.
87. *Dichiarazione del re Luigi XIII in parlamento circa il ritorno del duca d'Orleans.* 1634. 1 vol.
88. *Disinganno di Roma per il fatto tra i Francesi ed i Corsi.* 20 agosto 1662. 1 vol.
89. *Istruzione del baly di Valence, ambasciatore Francese in Roma, al suo successore.* 1653. 1 vol.
90. *Lettera di Luigi XIV all'ambasciatore in Roma, marchese di S. Chamont.* 1644. 1 vol.
91. *Giustificazione del marchese di S. Chamont, privato dell'ambasceria per non aver impedito l'elezione del Papa.* 1 vol.
92. *Memoria data da Caterina de Medici, regina di Francia al cardinale di Ferrara, legato apostolico, sul*

modo di ordinarsi le cose della religione in quel regno. 4 agosto 1561. 1 vol.

93. *Lettera a Caterina de Medici dell' imperatore Ferdinando I sul pericolo in cui trovavasi la religione e l'autorità regia in Francia per la nuova setta che si propagava in quel regno.* 13 giugno 1561. 1 vol.

94. *Lettera del cavaliere di Lursy Subsilvaniense in data di Trento 14 maggio 1562 ai suoi signori dai cantoni cattolici, in cui ad istanza del concilio, e come ambasciatore dei medesimi, residente in Trento, li persuade a dar gente in ajuto della corona di Francia per distruggere la nuova setta.* 1 vol.

95. *Relazione delle cose di Francia in tempo della lega.* 1 vol.

96. *Historia Godfridi ducis de Bolonia (de Bouillon).* Codex chartaceus saeculi XV. 1 vol.

97. *Relation de tout ce qu'il arriva au comte de Broglio, ambassadeur de France a la cour de Dresde.* 1756. 1 vol.

98. *Relazione delle vertenze che furonvi in Francia fra la corte ed i parlamenti sugli affari ecclesiastici.* 1 vol.

99. *Le cinque ombre, apparenti, ec. Scritto sugli affari dell' Europa dopo la morte del primo ministro di Francia, cardinale Mazzarino.* 1 vol. in-fol.

100. *Speciani Joh. B. Cremonensis. De bello Gallico in Mediolanensi provincia gesto, commentarium.* Libri duo. 1 vol.

101. *Recueil de l'origine du grand conseil du roy, de sa dignité, de ses attributions, des privileges, des offices de cette auguste compagnie, etc. par Richer, cons.^{r} du Roy.* Mss. chartaceus. 1696. 1 vol.

102. *Plan d'un exagone fortifié etc. par mons. de Vauban.* Mss. chart. 1 vol. in-fol. figur.

103. *Memoire sur les ordonnances de M. Colbert.* 2 vol. in-fol.

104. *Registres du conseil du roy.* Mss. chart. 1 vol. in-fol.

105. *La Francia consigliera a Lodovico XIV suo re.* 1 vol.

106. *Statuts et ordonnances du très-noble ordre de l' An-nunciade.* 1 vol.
107. *Notes sur le concile d' Eluire, tenu sous le pape Marcel l' an de N. S.* 305. 1 vol.
108. *Observations sur la bulle du Pape contre les deux censures de theologie de Paris.* 1 vol.
109. *Reflexions sur les propositions du clerge de France de l' année.* 1682. 1 vol.
110. *Itinerario militare d' un commissario generale di Francesco I a Lodi.* Codex saeculi XVI. 1 vol.
111. *Translatio inclitae civitatis Januae, ejusque dominii in christianissimum regem Francorum dominum nostrum Ludovicum XII, an.* 1490. *Scilicet pacta et conventions etc.* 1 vol.

MILAN

(CHEZ M. VALLARDI)

112. *Vies des plus fameux peintres, avec leurs portaits, copies de celles des M. M. de l' academie royale des sciences de Montpellier, par Joseph Batti Sovonais,* 1762. Manuscrit avec des portraits en petit format; il contient l' histoire de 53 personnages. 1 vol.

(CHEZ M. LE COMTE MELZI)

113. *Breve trattato delle afflitioni d' Italia et del confflitto di Roma, con pronosticazione della redentione di quello composto a laude et honore della monarchia di Francia.* Incipit: *Gulielmus de Nobilibus Francisco Francorum regi christianissimo.* 1 vol. Siècle XVI.

Il existe à MILAN plusieurs livres de *Gerson*, des manuscrits et différens ouvrages français relatifs à Saint Bruno, aux chartreux, à leurs couvens et à des disputes religieuses.

BERGAME

(BIBLIOTECA PUBBLICA)

114. *Lettres des rois tres chrestiens, et des ambassadeurs concernant le Concile de Trente.* 1 vol. in-4.° sur velin.
115. *La vie des dames les plus connües et citées dan l'ancien Testament, depuis Eva jusqu'a la Sainte Vierge, mere de notre Seigneur Jesus-Christ.* 1 vol. in-8.°

On y trouve aussi une lettre de *Voltaire* relatif a une traduction de la Henriade en italien.

PARME

(BIBLIOTECA DUCALE)

116. *Officium, seu liber precum, quo utebatur Henricus II Valesius Francorum rex, continens initia 4 evangeliorum, 7 poenitentiae psalmos, vesperas, et matutinum defunctorum;* haec omnia excipit kalendarium, cui titulus: *Heures du roy Henry second.* 1 vol. in-4.°
117. *Exercices de Pieté.* 6 volumes ecrits sur velin (en 1748) à l'usage de S. A. R. madame Louise de France, fille ainée de Louis XV. in-8.°
118. *Latin (Brunet) Le livre du trésor. — Petrarca, Opere italiane.* Manuscrit très-beau qui a les armoiries de France, et que la tradition dit avoir appartenu à François Ier 2 vol. in-4.° Siècle XVI.
119. *Lefebure. Etrennes variées littéraires et pöetiques, pour l'année 1756.* 1 vol. in-4.°
120. *Lefebure. Nouveaux amusemens badins, sérieux, poëtiques et littéraires pour l'année 1756.* 1 vol. in-4.°
121. *Zuichem (Viglius de) chancelier de l'ordre de la Toison d'or, memoires dressez pour instructions de ses successeurs ou commis, pour exercer l'office de*

chancelier en l'absence decelluj, ensemble de ce qu' appartient tant à la charge des aultres officièrs que du chief et souverain, et aux chanceliers du dit ordre, signament a l'endroit de la celebration du chapitre general dicelluy ordre. 1 vol. in-4.º Siècle XVI.

122. *Recueil de l'histoire ancienne*. 1 vol. in-8.º Siècle XVIII.

123. *Discorso sopra la precedenza tra Spagna et Francia*. 1 vol. in-fol. Siècle. XVI.

124. *Essortatione a Francesco re di Francia 1.º di questo nome, che si levi dall' amicitia, et intelligenza che egli ha col gran Turco*. 1 vol. in-fol.

125. *Apologia seconda in favor del Re di Francia. Ne la quale brevemente e con verità si tratta de le cagioni della guerra, che nuovamente è nata fra l' Imperatore, e S. M. christianissima*. 1 vol. in-fol.

126. *Giustificazione a S. M. Christianissima del Marchese di San Sciamon, per essere stato privato della dignità, che aveva in Roma, d'ambasciatore residente, per non aver impedita l'esaltazione del cardinal Panfilio al papato*. 1 vol. in-fol. Siècle XVII.

127. *Relatione del trattato di pace fatto nella assemblea tra li deputati del re christianissimo, del re catt. et del duca di Sauoia in presenza del cardinale di Firenze legato de latere di Clemente VIII S. Pont. nel regno di Francia et del Re christianissimo con l' interuento di m.r Gonzaga vescovo di Mantoua, nuntio di sua Beat.ne et del generale de gli osseruanti di S. Francesco*. 1 vol. in-fol. Siècle XVI.

128. *Breue relatione del modo col qual si gouernano in Francia gli Ugonotti nelle cose di religione et di stato*. 1 vol. in-fol. Siècle. XVII.

129. *Il gabinetto de' prencipi. Dialoghi politici: il concerto terzo è fra il re di Francia e monsù di Lione. — Arcani svelati del gabinetto. Il congresso terzo è fra il Re christianissimo, e monsù di Lione*. 1 vol. in-fol. Siècle XVII.

130. *Louis XIV. Extrait de ses mémoires.* Deux parties, avec des notes et fragments, copiés d'apres l'autographe du roi Louis déposés à la bibliothèque du roi, par Seguier et Noailles, le marechal duc, paire de France et ministre d'état. 1 vol. in-8.° Siècle. XVIII.
131. *Satyre contre Frédéric roy de Prusse.* 1 vol.
132. *Etat du militaire de France*, 1750. 1 vol. in-8.°
133. *Etat de toutes les places du royaume avec les apointemens emolumens de m.^{rs} les gouverneurs et lieutenens du roy*, 1750. 1 vol. in-8.°
134. *Capitoli della triegua (1552) fatta tra papa Julio III et il re di Francia sopra le cose di Parma.* 1 vol. Siècle XVI.
135. *Vita del cardinale Giulio Mazzarino coll' aggiunta de' documenti morali e politici lasciati dall' em.^{za} Sua al christianissimo re di Francia Luigi decimo quarto l'anno 1661.* 1 vol. in-fol.
136. *Lettere del sig. cardinale Giulio Mazzarini scritte a diversi signori e principi d'Italia. Parti 4 contenenti le lettere scritte dal 1648-50.* 1 vol. in-fol.
137. *Le solescisme chassé du Marmoutier, ou le triomphe de Despautére comedie-ballet representée à Lyon le 14 et 15 février 1708 par les pensionaires du grand college.* 1 vol. in-4.°

MODÈNE

(BIBLIOTECA ESTENSE)

138. *Christina Pisan. Le livre des faits et bonnes moeurs du sage rois Charles.* 1 vol. Siècle XV.
139. *Decadence de la France prouvée par sa conduite.* 1 vol. Siècle XVII.
140. *Il Turco novello della cristianità.* 1 vol.
141. *Historia Gallica itineris trans mare a Carolo Magno suscepto; historia Gallica Hierosolymae ac reliquae Ter-*

rae Sanctae a Goffredo Bullionio in suam dictionem redactae. 1 vol. Siècle XV.

142. *Rerum Gallicarum collectio amplissima Gallice scripta voluminibus XXXIX constans, in quibus multa ad aulam ipsam regiam, ejusque mores et ritus, multa ad negotia regis, familiaeque eiusdem, multa denique ad aeconomiam polyticam, et jura totius regni spectantia compraehenduntur, quorum omnium indicem in extremo invenias volumine.* Renferme les mémoires du Royaume de France depuis l'an 1261, jusqu'au commencement du XVII siècle. 39 vol.

143. Un code très-ancien et précieux de vers provençaux écrits la plus grande partie en 1254. Incipit: *In Jhesu Christi nomine anno eundem nativitatis millesimo ducentesimo quinquagesimo quarto, indictione duodecima, die mercurij duodecimo intrante augusto.* 1 vol.

FLORENCE

(BIBLIOTECA RICCARDIANA)

144. *Vita di S. Gio. Battista. Lettera di papa Bonifazio al re di Francia per levare lo scisma dalla chiesa ec.* 1 vol. Siècle XV.

145. *Justa victoria. Titolo di un' antica storia Gallica, scritta in latino, e volgarizzata.* 1 vol. in-8.° Siècle XV.

146. *Portogallo, Francia ec. Memorie istoriche.* 1 vol. in-fol. Siècle XVII.

147. *Strozzi Pietro, sua vita. Vita del sen. Carlo di Tomaso Strozzi.* 1 vol. in-fol. Siècle. XVIII.

148. *Strozzi Piero. Discorsi, pareri e lettere per S. M. christian. il re di Francia nel tempo della guerra di Siena.* 1 vol. in-fol. Siècle. XVI.

149. *Riflessioni politiche sulla guerra della successione della corona di Spagna.* 1 vol. in-fol. Siècle. XVIII.

150. *Aldobrandini Pietro, cardinale. Diario del suo viaggio in Francia.* 1 vol. in-fol. Siècle. XVII.

151. *Bentivoglio, cardinale. Relazione della fuga di Francia d'Enrico di Borbone.* 1 vol. in-fol. Siècle XVII.
152. *Avignone (Lettere missive responsive, scritte dai legati di).* 1 vol. in-fol. Siècle XVII.
153. *Aldobrandini, cardinale. Diario del suo viaggio in Francia come legato.* 1 vol. in-fol. Siècle XVII.
154. *Donazioni fatte al duca d'Urbino da Pipino re di Francia fino a Pio IV.* 1 vol. in-fol. Siècle. XVII.
155. *Correro Gio. Relazioni di Francia.* 1 vol. in-fol. Siècle XVII.
156. *Commentarj della corona di Francia, ec.* Cod. chart. 1 vol. in-4.° Siècle XVII.
157. *Histoire de la conquête de la toison d'or.* 1 vol. in-fol. Siècle XIV.
158. *Inserti di Parigi, o serie di notizie risguardanti quella città e regno.* 1 vol. in-fol. Siècle XVII.
159. *Bracciolini Jacopo di Poggio. Della cagione del cominciamento della guerra intra gli Inglesi e Franciosi ec.* 1 vol. in-4.° Siècle XV.
160. *Francia turbantizzata, causa della guerra d'Ungheria e di altre.* 1 vol. in-4.° Siècle. XVII.
161. *Mazzarino, cardinale. Sua vita.* 1 vol. in-4.° Siècle XVII.
162. *Francia. Trattato storico e geografico della medesima.* 1 vol. in-4.° Siècle XVIII.
163. *Enrico IV. Memorie diverse concernenti la sua assoluzione ec.* 1 vol. in-fol. Siècles XVI e XVII.
164. *Mazzarino, cardinale. Lettere del 1647 e 1648.* 2 vol. in-fol. Siècle XVII.
165. *Rimostranza al re di Francia.* 1 vol. in-fol. Siècle XVII.
166. *Foglietti di Parigi.* 1 vol. in-4.° Siècle XVIII.
167. *Lorris Guillaume. Le roman de la rose.* 1 vol. in-fol. Siècle XIV.
168. *Dialoghi sacri in antica lingua francese.* 1 vol. in-fol. Siècle XIII.

169. *Contes du cheval de Fust* (sic). 1 vol. in-fol. Siècle XIV.
170. *Sidrac, filosofo. Fontana di tutte le scienze, traslatata dal francese.* 1 vol. in-fol. Siècle XIV.
171. *Sangradal, le livre da-da Merlino etc.* 1 vol. in-fol. Siècle XV.
172. *Storia de' Nerbonesi, volgarizzata dal Francese per Andrea di Jacopo da Barberino.* 1 vol. in-4.° Siècle XV.
173. *De la Curne. Roman en langue Française* 1 vol. in-8.° Siècle XIV.
174. *Vers Provençaux.* 1 vol. in-4.° Siècle XVI.

On i rencontre des manuscrits precieus aussi dans les bibliothèques *Laurenziana, Marucelliana* et *Magliabecchiana*

Oeuvres 174. Vol. 224.

Milan, 8 *Avril* 1839.

OPERE

DI

CARLO MORBIO

---

*S*torie dei municipj Italiani, illustrate con documenti inediti. Milano. 1836-9. Fino ad ora volumi quattro.

Proposta d'un nuovissimo commento sopra la divina commedia di Dante. Vigevano 1833.

Lettere storiche di Bonnivet, Montmorency, Mazzarino ed altri, pubblicate con note. Milano. 1838. Edizione di soli 150 esemplari.

www.ingramcontent.com/pod-product-compliance
Lightning Source LLC
Chambersburg PA
CBHW061528040426
42450CB00008B/1850